F. DE MÉLY

JEHAN SOULAS

AU LOUVRE

ET A LA CATHÉDRALE DE CHARTRES

PARIS
TYPOGRAPHIE DE E. PLON, NOURRIT ET Cⁱᵉ
RUE GARANCIÈRE, 8
—
1889

JEHAN SOULAS

AU LOUVRE ET A LA CATHÉDRALE DE CHARTRES

DU MÊME AUTEUR

Quatre mois en Russie; liv. 910-911-912 du *Tour du Monde.* Paris, Hachette, 1878.
La Céramique italienne. Paris, Didot, 1884; 1 vol. in-8°.
Les Origines de la Céramique française (Extrait de la *Gazette des Beaux-Arts*). Paris, 1885; grand in-8°.
Les Chemises de la Vierge. Chartres, Garnier, 1885; gr. in-8°.
Donation du baron Davilliers (Extrait de la *Revue archéologique*). Paris, Leroux, 1885; in-8°.
Les Inventaires de Monza (Extrait de la *Chronique des Arts*). Paris, 1885.
Le Trésor de Chartres. Paris, Picard, 1886; gr. in-8° raisin.
L'Abbé Aubert. Paris, Boussod, 1886; gr. in-4°.
Le Grand Camée de Vienne. Paris, Lévy, 1886; gr. in-4°.
Les Inventaires de Saint-Père en Vallée. Paris, Picard, 1887; gr. in-8°.
*François Marchand et le Tombeau de François I*er. Chartres, Selleret, 1887; in-4°.
La Crosse dite de Ragenfroid. Paris, Lévy, 1888; gr. in-4°.
Une Broderie du quatorzième siècle, représentant Charles V. Chartres, Garnier, 1888; in-8°.
L'Ordre Teutonique dans l'ancien diocèse de Chartres. Chartres, Garnier, 1888; in-8°.
Les Maisons normandes. Paris, Boussod, 1888, gr. in-4°.
Études iconographiques sur les vitraux du treizième siècle de la cathédrale de Chartres. Lille, de Brower, 1888, in-4°.
Le Poisson dans les pierres gravées (Extrait de la *Revue archéologique*). Paris, Leroux, 1889, in-8°.
Le Cardinal Etienne de Vancza, archevêque de Strigonie, son portrait à la cathédrale de Chartres (Extrait de la *Revue de l'art chrétien*). Paris, Picard, 1889, in-4°.
La Table d'or de Don Pèdre de Castille. Paris, Picard, 1889; in-8°.
La Galactite et les reliques du lait de la Vierge. (Extrait de la *Revue archéologique*). Paris, Leroux, 1890, in-4°.

SOUS PRESSE :

Bibliographie des Inventaires imprimés (Ministère de l'Instruction publique).

F. DE MÉLY

JEHAN SOULAS

AU LOUVRE

ET A LA CATHÉDRALE DE CHARTRES

PARIS
TYPOGRAPHIE DE E. PLON, NOURRIT ET Cie
RUE GARANCIÈRE, 8

1889

Ce mémoire a été lu à la réunion des Sociétés des Beaux-Arts des départements, à l'École des Beaux-Arts, dans la séance du 12 juin 1889.

JEHAN SOULAS

AU LOUVRE ET A LA CATHÉDRALE DE CHARTRES

Il y a deux ans, à propos de l'œuvre du sculpteur François Marchand, que j'étudiais à la réunion des Sociétés des Beaux Arts des départements, et dont j'avais pu retrouver quelques travaux remarquables au Musée et à la cathédrale de Chartres, à Saint-Denis, dans le tombeau de François I⁵ʳ, j'ai dû parler d'un bas-relief du Louvre, inscrit dans la salle des sculptures de la Renaissance française sous les n⁰ˢ 78-79 (autrefois 79-80). Lenoir l'a reproduit dans son Musée des Monuments français (t. II, p. 153, n° 440), en l'attribuant à François Marchand d'Orléans : c'est à ce sujet que je l'ai mentionné, pour l'écarter de l'œuvre du sculpteur orléanais; mais j'ai passé très rapidement, le donnant alors à Jehan Soulas, sans apporter, il est vrai, aucune preuve à l'appui de mon dire. C'est pour cela que je veux aujourd'hui passer en revue ce qui nous reste des sculptures de Soulas, afin de justifier mon attribution. Ce sera en même temps faire connaître un des habiles maîtres *ymagiers*, qui occupa une place importante dans la période de transition du quinzième siècle à la Renaissance.

Bien que nous voyions son nom figurer en 1502, dans un contrat pour un monument, disparu depuis longtemps, à exécuter à Saint-Germain-l'Auxerrois (*Archives de l'Art français*, t. I, p. 133), marché qui nous apprend ainsi que dès cette époque il était maître ymagier, c'est seulement le traité avec le chapitre de Chartres du 2 janvier 1519 qui va pouvoir nous donner une idée certaine de son faire et de son talent. Les statues qui lui ont été commandées occupent en effet encore la place pour laquelle elles ont été faites. Comme aucune description ne saurait valoir celle qui est donnée pour l'exécution du travail, nous croyons ne pouvoir mieux faire que de reproduire le contrat passé avec le chapitre de Chartres, en même temps que nous donnons la photographie des statues exécutées par le maitre ymagier.

Dimanche, second jour de janvier MVXVIII (1519).

YMAGES OU EST LA CHAPPELLE DE MONSIEUR SAINT-LUBIN

« Vint et fut présent en sa personne Jehan Soulas, maistre ymager, demourant à Paris au cymetière Saint-Jehan, paroisse de Saint-Jehan en Grève, lequel congnut et confessa avoir marchandé avecques nous ès personnes de vénérables, etc., maistre Jehan Dudrac, chantre, Aignan Viole, chamberier, et Loys Joudart, chanoines en l'Église de Chartres, maistres et administrateurs de l'euvre de la dite Eglise ad ce par nous commis et députez, et ensuivant notre conclusion faicte vendredi dernier passé, stipulans pour nous en ceste partie en la manière qui ensuit : c'est assavoir que ledit Jehan Soulas a promis faire bien et deuement, ainsi qu'il appartient, de bonne pierre de la carrière de Tonnerre, les ymages qu'il fault pour quatre histoires cy après désignées. En la première histoire sera figuré Joachim, en l'aage de quarante ans ou environ, gardant les bestes, assavoir deux chèvres, trois moutons et deux aigneaulx, deux bergers et ung chien, et l'ange descendant du ciel et parlant à luy. En la seconde on figurera Anne, en l'aage aussi de XL ans ou environ, triste et dolente, gardant sa maison avec sa chamberière et l'ange descendant du ciel parlant à elle, et devant elle ung oratoire, et près d'elle ung oriller et ung chien barbet sortant de dessoubz l'oratoire. En la tierce sera figurée la ville de Jhérusalem et en une des portes, qui sera dite la porte dorée, arriveront Anne et Joachym l'un d'un costé, et l'autre de l'autre et derrière Joachym ung levrier et du costé de sainte Anne sa chamberière. Et en la quatriesme histoire sera figurée saincte Anne, couchée au lict, et une femme qui tiendra la Vierge Marie, et deux autres femmes, l'une tenant ung pot, en façon d'argent, descouvert, et l'autre faisant de la bouillie, et au dessoubz du lict une cuvette, et au cousté du lict joignant le bort, sur une scabelle aiant ung linge dessus, ung bassin et une coupe en façon d'argent, le lict à pilliers et du linge à l'entour des pilliers en façon de rideaulx de lict et au dessus ung ciel où il y a des campanes pendantes au long du lict et le tout aussi bien ou mieulx qu'il est figuré et que les

SAINT JOACHIM ET SAINTE ANNE

TOUR DU CHOEUR DE LA CATHÉDRALE DE CHARTRES.

dites histoires sont pourtraictes et figurées de blanc et de noir sur deux pièces de toille pour ce faictes et présentement exhibéees (*sic*), baillées et délaissées au-dit Jehan Soulas pour faire lesdits ymaiges à la semblance du pourtraict[1]..... »

La biographie de notre artiste est forcément bien courte : elle se borne à deux détails peu importants, à savoir qu'en 1502 il demeurait à Paris, et qu'en 1519 il habitait au cymetière Saint-Jehan, paroisse de Saint-Jehan en Grève. Son faire, sa manière sont plus faciles à connaître : pour beaucoup d'artistes, même des plus célèbres, nous consentirions à n'avoir pour les étudier qu'une faible partie des statues de Soulas que nous trouvons à la cathédrale de Chartres. Nous en comptons en effet ici douze, dans quatre groupes, absolument authentiques, puisque nous avons le marché d'après lequel elles ont été exécutées et placées. Nous ne voulons pas nous préoccuper des huit groupes suivants, qui furent, au dire de l'abbé Bulteau (*Monographie de la cathédrale de Chartres*, t. I, 3ᵉ édit., p. 169), commandés à Jehan Soulas; mais, suivant son habitude, il ne donne aucune référence. Je crois donc préférable de m'en tenir uniquement à ces douze statues des quatre premiers groupes : elles sont fort importantes, puisqu'elles mesurent en moyenne 1ᵐ,30, presque grandeur nature.

Soulas est d'une époque où il est assez difficile de déterminer la personnalité d'un artiste ; pourtant, en examinant attentivement ces douze statues, j'en trouve deux qui ont une touche absolument personnelle ; les autres sont froides, quoique agréables : saint Joachim pourrait tout aussi bien être un bon propriétaire qui visite ses troupeaux qu'un saint s'entretenant avec les anges; sainte Anne et sa chambrière sont d'honnêtes bourgeoises à la promenade. Mais dans le fond du premier groupe, derrière Joachim, bien dissimulé dans l'ombre, un des bergers a une physionomie spirituelle qui tranche étonnamment avec les autres statues, et que ne désavoueraient certainement pas les sculpteurs qui vont, vers 1542, continuer les scènes du tour du chœur de la cathédrale de Chartres. Celui-là possède un caractère tout particulier : et si, après sa figure, nous examinons sa tournure, il a un mouvement de col que le groupe suivant, sainte Anne suivie de sa chambrière, nous présentera dans sa plus complète

[1] Voir *Archives de l'Art français*, t. IV, 1855-56, p. 195.

expression. Puis, c'est une des femmes qui assistent l'accouchée, dans la Nativité de la Vierge, celle qui tient l'enfant dans ses bras, au-dessus du baquet où elle va le laver : elle a un mouvement onduleux, une pose naturelle qui contraste étrangement avec la raideur molle de la femme qui porte *ung pot, en façon d'argent,* et celle de la servante qui interroge sainte Anne dans son lit. Dans le reste, le faire est sec, le ciseau ne dégage aucune souplesse, on n'y sent pas la vie, et si l'ensemble est harmonieux, les détails des figures doivent être oubliés.

Les accessoires, au contraire, y sont traités avec la plus grande finesse. Le lit, l'oratoire, l'escabeau, sont des modèles de menuiserie; l'aiguière que tient la chambrière qui accompagne sainte Anne, le vase que porte la sage-femme, sont de vrais modèles d'orfèvrerie; nous ne les trouverons plus aussi exacts dans les sculptures de la Renaissance.

Nous allons maintenant étudier le bas-relief du Louvre et voir si, avec ce que nous savons de Soulas, nous pouvons lui donner une attribution acceptable.

Mais, d'abord, vient-il bien de la cathédrale de Chartres? Le Musée des Monuments français et ses richesses subirent tant de mésaventures, tant de dispersions, qu'on a peine quelquefois à identifier aujourd'hui avec certitude une pièce qui a passé par là. Nous avons, il est vrai, pour nous fixer, la gravure au trait qui accompagne la notice de Lenoir, il n'y a pas d'hésitation à avoir de ce côté; mais de même que le savant conservateur du Musée des Monuments français a pu se tromper dans son attribution, puisqu'il se trompe sur le sujet, qu'il désigne comme une *Adoration des Mages,* puisqu'il le donne comme de François Marchand, de même aussi il pourrait avoir fait confusion sur le lieu de provenance, bien qu'il faille reconnaître de quel poids doive peser dans la balance son affirmation. Son *Journal* (publié par M. Courajod, t. I, p. CXXVII) nous apprend que Sergent et Lemonnier, envoyés en mission à Chartres pour y rechercher les objets d'art, firent transporter à Paris, avec trois tableaux et les pierres antiques de la chasse de la cathédrale, un bas-relief *de marbre* divisé en trois compartiments. Il nous apprend encore que, le 14 messidor an II (1794), un arrêt ordonna que les trois bas-reliefs de marbre venus de Chartres et acceptés le 19 floréal, dans la séance du Conservatoire, seraient

LA PORTE DORÉE ET LA NATIVITÉ DE LA VIERGE

TOUR DU CHŒUR DE LA CATHÉDRALE DE CHARTRES

portés au dépôt de Nesles. Devons-nous, malgré ces différences, nous refuser à l'identification de ces deux bas-reliefs? La question me semble résolue d'avance, puisque c'est Lenoir lui-même qui consigne le fait dans son *Journal*.

On sait, en effet, avec quelle négligence, et en voici bien la preuve, se faisaient au siècle dernier et dans le commencement du dix-neuvième les reconnaissances d'objets d'art; mais si l'un des points d'identification est résolu, la provenance de Chartres semblait plus difficile à établir. Heureusement, un marché qui charge Étienne Le Tonnelier, peintre à Chartres, de décorer, en 1542, un retable de la cathédrale de Chartres, va nous montrer que le bas-relief dont il s'agit, qui des magasins du Louvre est arrivé au dépôt de Nesles, pour revenir aujourd'hui dans la salle des sculptures de la Renaissance, est bien le même que celui dont nous nous occupons et dont M. de Montaiglon, dans les *Archives de l'Art français* (t. IV, p. 394), regrettait la disparition.

« Vendredi, premier jour de juin mil V°XLIII, fut présent Estienne Le Tonnelier, marchant painctre et victrier, demeurant à Chartres, lequel a convenu et accordé, a promis et promet à vénérable M° Jehan Favereau, chanoyne de Chartres, ad ce présent, paindre et estoffer la contretable de la chappelle des Vierges [1], en l'église de Chartres, selon le devis qui ensuyt; c'est assavoir la contretable et les moulures de fin or, l'antique de la frize de fin or, le champ de l'autre frize d'azur, les ballustres et pilliers de fin or, profizé tant devant que derrière en façon de jaspre et champayé d'azur. Item le ciel du chaslit de fin or champayé de rouge clerc, la couverture du lict de rouge clerc, l'abit de Notre-Dame d'azur, satin broché et drap d'or, l'abit de Joseph de pourpre clerc, rouge et azur. Item le corps du chaslet de fin or, le dedans, qui est la refaicte desus le chaslit, de jaspre et profizé, le berseau de fin or, la chambrière de couleur de satin changeant et autres couleurs assez propres. Item pour sainct Jehan Baptiste le manteau d'azur enrichy de bordures et corbètes tirées sur la dite pierre, l'envers de rouge clerc. La haire de sainct Jehan de fin or glassé de couleur de pourpre. Item à saint Jehan l'Évangéliste le manteau de rouge clerc, l'abit de

---

[1] Cette chapelle, fondée par saint Louis en 1259, était sous la fenêtre, aujourd'hui murée, qui se trouve à gauche de la chapelle de la Transfiguration.

desoubz de fin or tiré de blanc, les nues bien incarnées, le tout faict à l'huille et verny, de bon or, azur et autre couleur. Item l'imaige de Notre-Dame estant sur l'hostel et les deux autres estans à costé d'elle, de blanc à huille, enrichy d'or et d'azur... »

Avec ce marché, l'identification devient indiscutable. Le retable, représentant la Nativité du Christ, qui est au seizième siècle sur l'autel de la chapelle des Vierges de la cathédrale de Chartres, est bien celui reproduit par Lenoir, comme étant de marbre et représentant l'Adoration des Mages, et qui est inscrit aujourd'hui au Louvre comme une Nativité de la Vierge. En le signalant dans une des dernières réunions de la Société des Antiquaires de France, M. Courajod n'a fait que reproduire les arguments que j'avais imprimés depuis longtemps déjà. Nous pouvons donc maintenant rechercher l'auteur de ce morceau de sculpture.

Marchand ne peut être mis en cause : nous espérons l'avoir démontré il y a deux ans. A ce moment, je n'étudiais pas Soulas, j'ai donc pu lui attribuer, sans insister, ce bas-relief. Mais aujourd'hui qu'il s'agit et de Soulas et du retable, j'ai examiné ce dernier avec la plus grande attention. Je me suis trouvé en présence d'un problème bien difficile à résoudre ; il est cependant d'une importance capitale dans le cas présent.

Ce bas-relief, composé de trois pièces, mesure dans sa plus grande largeur $1^m,94$ avec les moulures, sans les moulures $1^m,84$. Le panneau central a un mètre, chaque panneau latéral $0^m,42$ ou $0^m,47$ suivant la place où on le mesure. Il a $0^m,71$ de hauteur, y compris la corniche, et la frise qui le surmonte, ornée de guirlandes de fleurs dont une tête d'angelot tient les extrémités dans sa bouche, a $0^m,20$. Au centre, la Nativité du Christ. Je ne crois pas qu'il faille beaucoup insister pour démontrer que c'est effectivement une Nativité du Christ et non de la Vierge. D'abord, et c'est en définitive le point important, nous avons le marché passé avec Le Tonnelier ; enfin, l'âge de l'accouchée, saint Joseph, ne peuvent laisser aucun doute sur le sujet traité.

A droite et à gauche, les deux saints Jean. Mais si ces deux saints ont été exécutés tous les deux par la même main, ils ne sont pas du même artiste que le panneau central ; bien plus, ils ne sont pas tout à fait de la même époque, mais bien distants de quelques années. Dans toute autre circonstance, je serais moins affirmatif ;

LA NATIVITÉ DU CHRIST
BAS-RELIEF DU LOUVRE, N°* 78-79.

pour faire voir la différence de main, j'insisterais sur le caractère essentiellement italien des deux saints et le caractère nettement français du sujet central : pour l'époque, par exemple, je me montrerais plus circonspect. Mais ici nous sommes à Chartres, dans un centre où nous pouvons suivre pour ainsi dire annuellement le développement de la sculpture dans les ateliers des artistes qui travaillent à la cathédrale; nous sommes donc plus autorisés à émettre une opinion, téméraire dans toute autre circonstance.

Examinons, en effet, les trois parties du retable. La portion centrale semble dater de 1525 environ; les personnages ont la raideur des statues des ymagiers, peu de souplesse, peu de chairs apparentes, peu de cheveux. Les mains sont grêles, délicates, mais peu vivantes; les figures douces, mais froides, bourgeoises; les pots en *façon d'argent* qu'on aperçoit sur le dressoir du fond sont bien de la même époque que ceux du bas-relief de Soulas du tour du chœur de la cathédrale. Nous avons enfin, comme nous le disions dans l'étude sur François Marchand, une comparaison à faire ici avec la miniature de l'*Enfant nouveau-né* du manuscrit de la *Belle Hélaine* (quinzième siècle) pour la disposition, et pour l'économie générale avec le tombeau de René d'Orléans, reproduit par Millin.

Quelle différence avec les figures de saint Jean-Baptiste et de saint Jean l'Évangéliste ! Voulons-nous comparer les draperies ? L'ampleur du manteau de l'Évangéliste fait encore ressortir les plis courts du manteau du chanoine donateur. Regardons-nous les figures ? Les unes sont sans grande vie, les autres expriment un sentiment personnel. Est-ce enfin au point de vue des chairs ? C'est à peine si on les sent dans le panneau central, plein cependant de charme et de poésie, tandis que dans les panneaux latéraux, les muscles sont nettement accusés et bien en place. Voyez la figure de Joseph, la seule masculine qui nous reste : à peine un coup de ciseau creuse-t-il la joue, pour indiquer l'âge mûr; chez saint Jean-Baptiste, au contraire, l'apophyse zygomatique habilement dégagée marque la fatigue prématurée du Précurseur. En un mot, dans l'un il y a du faire, dans l'autre de la science; le premier est l'œuvre d'un praticien habile, le second d'un artiste qui connaît le nu, qui ne dissimule pas sous des vêtements la chair qu'il ne sait pas vivifier, parce qu'il ne l'a pas étudiée. Cependant, on ne peut nier que les deux côtés appartiennent bien au même retable et lui aient toujours appartenu. Le marché de Le Tonnelier le décrit complètement, tel que nous le voyons aujourd'hui, mais c'est en 1542. C'est précisément là que je veux arriver. La frise supérieure, elle aussi, a été faite pour le retable ; nous devrions pourtant nous demander comment il existe au milieu un vide aussi considérable : la fin du marché avec Le Tonnelier nous en fait comprendre le motif. Au centre se trouvait une Vierge, et sans nul doute son piédestal s'encastrait entre ces deux morceaux, dont le socle de la statue formait la continuation, tandis que les deux autres figures qui l'accompagnaient devaient certainement être placées sur les deux fragments qui nous restent.

Comme il faut autant que possible chercher à ces difficultés une explication, je croirais pouvoir proposer celle-ci. De 1525 à 1542, le chapitre, nous le savons, ne fit pour ainsi dire pas travailler les artistes : guerre, famine, inondation, peste, tempête du 22 novembre 1534, qui abima la couverture de l'église en plus de six mille endroits, absorbèrent tous ses revenus et le détournèrent de la tâche d'embellissement de la cathédrale qu'il s'était imposée : mais vers 1542 les travaux reprennent avec ardeur. Le chapitre pouvait donc avoir commandé vers 1525, et nous allons chercher à quel artiste, le panneau central, et au moment de la reprise des travaux vers 1542, faire terminer par un autre sculpteur et donner alors immédiatement à peindre à Le Tonnelier le retable qu'il voulait placer à l'autel des Vierges. Le faire des deux saints Jean ne peut que nous encourager dans cette opinion, et nous devons, dans une certaine mesure, reconnaître le sentiment critique qui guidait Lenoir, lorsqu'il attribuait à François Marchand, qui travaillait précisément à cette époque à la cathédrale de Chartres, des sculptures qui peuvent parfaitement dater de 1542.

Le panneau central nous parait certainement l'œuvre d'un *ymagier*. Si nous examinons les pièces, si nous comparons nos photographies, nous découvrirons une véritable relation de famille entre les sculptures du tour du chœur, de Soulas, et la Nativité, du Musée du Louvre. Si je rapproche la servante qui prépare le berceau de l'enfant du bas-relief, de la chambrière de sainte Anne du deuxième groupe, je leur trouve un air étonnant de parenté ; c'est bien là le même faire, la même tournure, la même tête fine et pointue. Malheureusement, nous ne pouvons discuter que sur celle-là : les autres têtes sont, ou disparues, ou tellement dégradées, qu'il est impossible de rien juger d'après elles. Quant à la Vierge, à qui pourrions-nous la comparer? Dans les groupes du tour du chœur aucune statue ne s'en rapproche. La Nativité du Sauveur et celle de sainte Anne n'offrent en effet aucun rapprochement à faire. L'une des accouchées est vieille, l'autre jeune ; l'entourage diffère forcément, c'est donc aux accessoires qu'il faut s'attacher ; et je retrouve précisément dans le fond, sur le dressoir, cette *argenterie* dont j'ai déjà eu l'occasion de parler, et qui me paraît très caractéristique dans l'œuvre de Soulas.

Pourquoi m'en cacher? J'y sens enfin un air de famille, qui ne le définit pas ; c'est un sentiment plutôt qu'une certitude. Plus je les ai examinés, comparés, plus j'ai trouvé entre ce bas-relief et les statues de Chartres le *sentiment* d'une commune origine : il m'a engagé à approfondir la question. Pour premier résultat, j'ai pu identifier le bas-relief peint par Le Tonnelier en 1543 et celui du Louvre. Ce point-là est indiscutable ; nous avons les pièces à l'appui. Ensuite est venue l'attribution de cette Nativité à Jehan Soulas ; elle est plus délicate. J'espère néanmoins avoir fait pénétrer dans l'esprit de mes lecteurs une partie de ma conviction.

PARIS
TYPOGRAPHIE DE E. PLON, NOURRIT ET Cie,
Rue Garancière, 8.

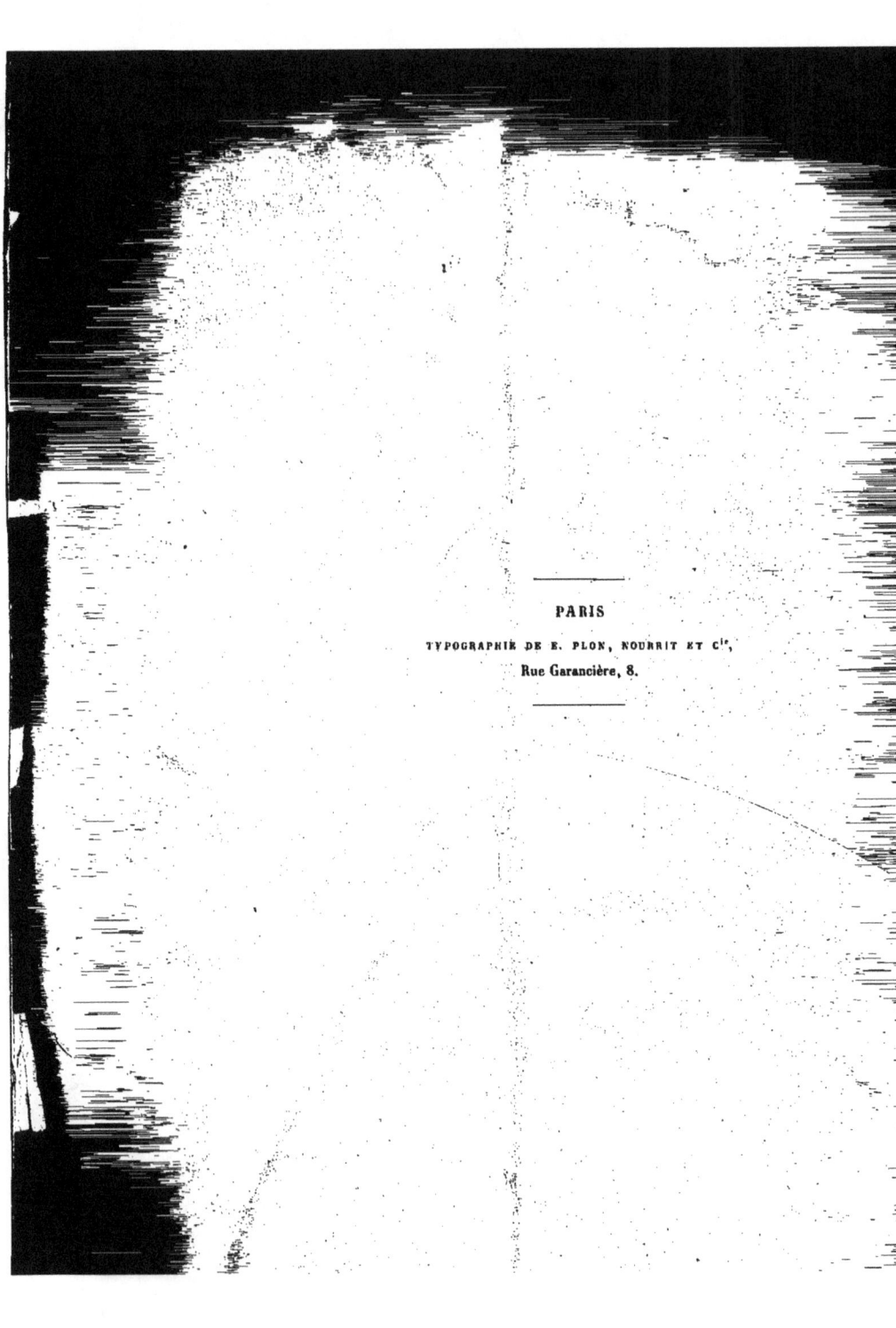

PARIS
TYPOGRAPHIE DE E. PLON, NOURRIT ET Cie,
Rue Garancière, 8.

www.ingramcontent.com/pod-product-compliance
Lightning Source LLC
Chambersburg PA
CBHW070456080426
42451CB00025B/2754